イラスト版 アクティビティ ディレクター入門シリーズ ③

高齢者の寄りそい介護

考え方・進め方

高齢者アクティビティ開発センター 監修
綿　祐二 編著　山口 裕美子 イラスト

黎明書房

はじめに

　介護を受けている高齢者も人生を楽しむためには心の栄養補給，心のケアが必要です。芸術や遊び文化が不足すると，心の栄養失調となり，いとも簡単に人は生きる力を低下させ，きらめき輝く人生を失速させます。
　人々にとって芸術や遊び文化は，まさに食事と同じくらい大切で日常的なものです。年齢や介護度を問わず，いくつになっても美しいものを見て感動したり，自分で創り上げる喜びを体験したり，心をわくわくさせたいものです。

　それを高齢者福祉・医療の場で可能にするには，「アクティビティサービス」の充実こそ必要です。アクティビティサービスとは，高齢者福祉・医療の場において，介護などの支援が必要な人に対して，生きていくために必要な三大介護＝「食事」「排泄」「入浴」などに加え，高齢者の心を豊かにし，日常生活に楽しみと潤いをもたらす援助活動＝「アクティビティ・ケア」を提供・支援することです。
　「アクティビティサービス」の充実をはかるために，今こそ，介護現場において，高齢者・家族とスタッフ，スタッフ同士が上手にコミュニケーションをとりながら，芸術と遊び文化を組み合わせて生活の質の向上をはかる心の栄養士「アクティビティ ディレクター」の活躍が求められています。
　高齢者アクティビティ開発センターでは，「アクティビティ ディレクター」資格認定セミナーを開催して，高齢者介護の現場で主軸となる人材を育成しています。福祉アートコーディネート，福祉プレイワーク，高齢者ゲーム＆おもちゃケア，高齢者ケアデザインの4つのコースを学び，個々の高齢者の生活やニーズをとらえながら，必要なアクティビティを実践できる人が全国に増えることを願っています。

　本書は「アクティビティ ディレクター」資格認定セミナーの「高齢者ケアデザイン」コースのテキストでもあります。
　介護が必要になった後も，高齢者がそれまで同様その人らしい生活を送れるように援助するための，ケアデザインやアセスメントの方法，心地よさを増す介護テクニックのポイントなどを紹介しています。
　現場の利用者一人ひとりを思い浮かべながら，「この援助方法はあの方に当てはまるかもしれない」というように，現状に合わせて柔軟にご活用いただけましたら幸いです。

　最後にこの本を作成するに当たり，執筆者の松田実樹さんと川口真実さん，高齢者アクティビティ開発センターの磯忍さん，イラストの山口裕美子さんには各担当だけでなく，適切なアドバイスもいただきました。本当にありがとうございました。

綿　祐二

目　次

はじめに　1
この本の使い方　3
利用者主体の援助アセスメントシート　4

高齢者の寄りそい介護　考え方・進め方　5

① **福祉の基本理論はじめの一歩**　6
　―「楽しい生活」から「より楽しい生活」へ―
② **利用者本位の援助のあり方**　10
　―真のニーズを洞察する力をつける―
③ **介護サービスが多様化する時代のケアデザイン**　14
　―エコマップで利用者を取り囲む関係を整理―
④ **社会福祉援助の法益放棄**　18
　―インフォームドコンセントの大切さを考える―
⑤ **利用者の不自由さとはなんでしょう**　22
　―個別援助には，その人の不自由さに注目―
⑥ **生活のレクリエーション化**　26
　―排泄のフォローから考える―
⑦ **生活の質を向上させるということ**　30
　―食べ物が形でわかるようにすることから―
⑧ **安心・やすらぎの介護テクニック①**　34
　―利用者が心地よい入浴介助とは―
⑨ **安心・やすらぎの介護テクニック②**　38
　―安心してもらえる移動介助とは―
⑩ **心地よさを増す介護テクニック①**　42
　―心地よいおむつ交換のテクニック―
⑪ **心地よさを増す介護テクニック②**　46
　―心地よい食事介助とは―
⑫ **心地よさを増す介護テクニック③**　50
　―心地よい着脱介助とは―
⑬ **コミュニケーションの気配り介護テクニック①**　54
　―個々の利用者のノンバーバルコミュニケーションを把握するには―
⑭ **コミュニケーションの気配り介護テクニック②**　58
　―利用者との心地よいコミュニケーションとは―

付録　アセスメントについて考えてみましょう　62

この本の使い方

【本文（6～61頁）】

ある高齢者施設で起こった問題と，その解決法を，見開き4ページで紹介しています。

〈1ページ目〉　〈2ページ目〉　〈3ページ目〉　〈4ページ目〉

❶〈マンガ事例紹介〉

　ある日の施設での一場面をマンガで紹介しています。
　施設はデイサービスや，老人ホームなどを想定しています。
　この施設ではどんな問題点があるのか見てみましょう。

❷〈利用者・関係者の声〉

　スタッフや高齢者，ご家族が感じていることです。
　普段言葉には出さない本音を感じてみましょう。

❸〈はじめに考えてみましょう〉

　なぜ問題が起きたのか，解決するためにはどうしたらいいのかなど，考えてみましょう。

❹〈こうしてみましょう　その1・その2〉

　問題を解決するために行った工夫を2つ紹介しています。

❺〈こうなりました！〉

　その後のスタッフや高齢者，ご家族の感想です。

【付録】

アセスメントについて考えます。「利用者主体の援助アセスメントシート」の使い方についても解説します。

利用者主体の援助アセスメントシート

名前（旧姓：　　　　　）　　　　　　　　　　　様　記入日　　年　　月　　日
　　　　　　　　　　　　　　　　　　　　　　　　　記入者

	今までの習慣やニーズ	現在の状況	配慮できそうな点
食事			
排泄			
入浴			
移動			
着脱			
生活の場所			
バーバル（言語的）コミュニケーション			
ノンバーバル（非言語的）コミュニケーション			
余暇			
生きること			

Ⓒ高齢者アクティビティ開発センター

＊このアセスメントシートの使い方については62〜63頁を参考に，コピーしてお使いください。

高齢者の寄りそい介護
考え方・進め方

① 福祉の基本理論はじめの一歩

「楽しい生活」から「より楽しい生活」へ

スタッフは
- はい，Aさんお昼ですよ〜
- ありがとう。今日のメニューは…
- はい，Bさんお昼ですよ
- 何……かな？ あ…行っちゃった…

いつも
- はい，Bさんレク行きますよ
- あ…いや今日はいいわ
- まあそう言わずに！楽しいですよ，レク！
- ……

大忙し
- あの……ちょっとスタッフさん！肩が痛いので，さすってくれないかな？
- ちょっと待っててくださいね！
- 忙しいならいいよ……
- すみません！

① 福祉の基本理論はじめの一歩

やらなきゃいけないことがいっぱいで，毎日バタバタだよ。仕事がイヤになるよ

でも私たちこんなに頑張ってるのに，利用者さんたちは楽しくなさそうですよね

スタッフに対してあきらめの気持ち

スタッフは忙しくてオレの話なんか聞いてくれないよ。家族じゃないからしょうがないか……

Aさん78歳

ここにいても楽しくない

落ちつかないし，楽しくないけど，面倒見てもらってるから，仕方ないわ

Bさん72歳

忙しすぎて考える余裕がない

ケアプランの通りにやらなきゃいけないことはしっかりやってるよ

利用者さんに楽しんでもらいたいけれど，どうすればいいかわからないわ

スタッフ歴6年　スタッフ歴2年

① 福祉の基本理論はじめの一歩
―「楽しい生活」から「より楽しい生活」へ―

はじめに考えてみましょう

そもそもケアプランとはなんでしょう？

　介護保険法の施行以降，一般に福祉サービスを受ける際は「ケアプラン」に基づいたサービスを提供されるようになりました。

　ケアプランとは，利用者に必要な介護保険が適用されるサービスや，ボランティアによるサービスなど，利用者の日常生活に必要な各種福祉サービスを週に何回，何時間行うかといった介護サービス計画です。

　しかし，それだけでは利用者一人ひとりに対し，具体的にどのようなケアをすればいいのかは見えづらいもの。そこで「ケアデザイン」の視点が必要になってきます。

ケアプランを重視するあまりに，スタッフ本位の一方的な援助になっていないかどうか，ふだんの援助を振り返り，見つめ直してみましょう

こうしてみましょう その1

それでは「ケアデザイン」とはなんでしょう？

　「ケアデザイン」とは，利用者一人ひとりがどのようなケアを必要としていて，自分らしく生活をするためにはどのような配慮が必要か，具体的に考え，日常生活を創っていくものです。

　利用者の「生きる喜び」を基盤にし，ケアの質を高め，「楽しい生活」から「より楽しい生活」を目指します。

　食事介助を例にとると，食事のお手伝いをするのが「ケアプラン」，よりおいしく食べるお手伝いをすることが「ケアデザイン」です。

　よりおいしそうな配膳を考えたり，食事の見た目を工夫したり，安全に食べる環境づくりをし，利用者によりおいしく食事をしてもらうことが求められるのです。

【ケアプラン】
食事介助
入浴介助
排泄介助
着脱介助
移動介助

↓

【ケアデザイン】
よりおいしく食事するには？
（46〜49頁）
気持ちよく入浴するには？
（34〜37頁）
気持ちよく排泄するには？
（42〜45頁）
心地よく着替えるには？
（50〜53頁）
安心して移動するには？
（38〜41頁）

こうしてみましょう その2
信頼できる「重要なる他者」の必要性

　福祉が相手とするのは「人」であり，援助するうえで信頼関係を築くことが重要です。

　人は信頼できる相手がいることが安心につながります。この頼れる人物のことを「Significant other（重要なる他者）」と言います。

　ただ話を聞いてあげることも重要で，利用者と密にコミュニケーションを図り，気持ちをくめるようになってくれば，信頼関係もできてきます。

　また重要なる他者はスタッフに限らず，家族でもかまいません。そのような人がいるかどうかを把握しておくことで，重要なる他者を通して利用者のニーズを知ることもあります。

利用者一人ひとりの「重要なる他者」は誰か，考えてみましょう

こうなりました！

スタッフ
　食事や入浴などの日常生活を，スタッフのペースではなく，利用者さんの意見を聞きながら，一人ひとりに合わせて行う工夫をしたら，利用者さんの笑顔や，お礼を言われることが増えました。

　利用者さんのお話を聞くようにしたら，利用者さんの気持ちの裏にあるものがわかるようになりました。信頼関係ができ，日々の介助もお互いが気持ちよくできるようになってきて，びっくりです。

Aさん
　話を聞いてもらえるようになって，スタッフさんといると安心できるようになったよ。

Bさん
　私が心地よく感じるように配慮をしてくれているのがわかるわ。今はここに来るのも楽しいのよ。

② 利用者本位の援助のあり方

真のニーズを洞察する力をつける

ある日の昼食

スープです

今日はハンバーグとほうれん草のソテー，ごはん，コンソメスープです

ハンバーグとソテーとごはん，スープがありますが，ソテーを食べますか？

はい

『一口目……』

次はスープでも飲みますか？

あ，はい

『二口目……』

次は何をたべますか？

……

『三口目……』

② 利用者本位の援助のあり方

「次は……」

「もう、いらないわ……」

『四口目……』

食事に集中できない

Aさん68歳

職員は自分が食事をする時に，一口一口何を食べるかなんて言わないでしょう？一口ごとに「何食べますか？次は何食べますか？」って言われると，食事に集中できませんよ

なにが悪いの？

よくテキストに，利用者の意向を聞きましょう，って書いてあるじゃないですか。だから，何を食べたいかを聞いたんですが……

利用者が何を食べたいか，一言一言，口で言ってくれるわけじゃないですからね。こっちから聞かないとわからないから，ついつい，聞いてしまうんですよ

Bさんスタッフ歴1年　Cさんスタッフ歴3年

② 利用者本位の援助のあり方
―真のニーズを洞察する力をつける―

はじめに考えてみましょう

「利用者本位」とはどういうこと？

　介護保険制度が始まってから福祉業界も契約社会に変わり，スタッフは「利用者本位」「利用者の主体性」といった理念に沿ってケアを行うことが求められるようになりました。

　利用者本位とは，契約者である利用者本人の主体性に沿う，つまり本人のニーズに応え，介護が必要になった後も，それまで同様その人らしい生活を送ることができるよう援助することです。

　スタッフは，利用者が今までの人生の中でどういった楽しみを持ち，どのような生活を送って来たのかを知った上で，よりよく生活できるよう，個々の主体性（62～63頁参照）に合った介助の方法を考える必要があるのです。

施設の食事での利用者の主体性の例を考えてみましょう

こうしてみましょう その1

何気ない観察力，洞察力が必要です

　Aさんが途中で食べるのをやめてしまった裏には，「いちいち言わなくても自分の気持ちをわかってほしい」という心の内があります。

　つまり，利用者が一つひとつ自分の要望を述べてくれるとは限らないのです。

　「当たり前のことを，当たり前に行いたい」という利用者の思いを実践するためには，一瞬一瞬の観察力，洞察力をもって，利用者の考えをくみ取ることが必要です。

　そのためには目線や，口の開き具合を気にかけるなど，ノンバーバルコミュニケーション（54～57頁参照）が重要なのです。

高齢者の目線が何気なく
食べたい食事の方を見ていませんか？

② 利用者本位の援助のあり方

こうしてみましょう その2

ニーズとディマンドを混在しない

利用者の主体性を考える際には，ニーズ（必要性）をとらえることが大切です。

ニーズとは，高齢者のディマンド（要求）をそのまま受け入れることとは異なります。

「利用者さんが，○○してほしいとおっしゃったから」という話をよく聞きますが，今のその方にとって，その行為が本当に必要なのか，可能なのかを，スタッフは見極めなくてはなりません。

一人ひとりの利用者にとって，今までの習慣やニーズ，現在の状況，配慮できそうな点を「アセスメントシート」（4頁参照）に書き出し，真のニーズを探してみましょう。

アセスメントシート

こうなりました！

スタッフBさん

食事の際には，Aさんの食べたいものを，視線の方向から読み取ることができるようになりました。

そしてAさんの今までの生活を維持できるよう，朝はパンにするなど，できることから始めてみました。

スタッフCさん

Aさんのニーズや状況をアセスメントシートに書き出すことで，どのような介助をすればいいのかを検討しやすくなりました。

Aさんへの援助方法をスタッフみんなで共有するためにも，アセスメントシートを便利に活用しています。

Aさん

集団で生活しながらも，私にとって何が必要かどうか考えてくれるようになり，ちゃんと私を見てくれているな，という気がします。

③ 介護サービスが多様化する時代のケアデザイン

エコマップで利用者を取り囲む関係を整理

一人暮らしのAさんのお家

Aさん,こんにちはヘルパーのBです

Bさん,いらっしゃい待ってたわよ〜！今日も一緒にお料理してね！

Aさん,お料理お好きですね

Bさんがお手伝いしてくれると,とっても楽しいわ

だけど,うちの息子ったら,「いちいち買い物につきあえないから,配食サービスを利用しろ」なんて言うのよ。一人で買い物は行けないけど,お料理はしたいのに……

本当ですね。さぁ,お料理続けましょう

でも病院の先生は「自分でできることは,したほうがいい」って言うのよ

さっ,次はこれをお鍋に入れてちょうだい

ガラガラガラ

お義母(かあ)さんこんにちは

あら,お嫁さんが来たわ

③ 介護サービスが多様化する時代のケアデザイン

> あらあらっ…
> 楽しみにしていたお料理の最中だけど，仕方ないわね……
> お義母さん，お風呂入りましょう！私あと30分しか居られないので……早く早く!!

😟 落ち着かないわ

> 今日はBさんとお料理するのを，とても楽しみにしてたのに……。でもお嫁さんに面倒見てもらってるから仕方ないわね……

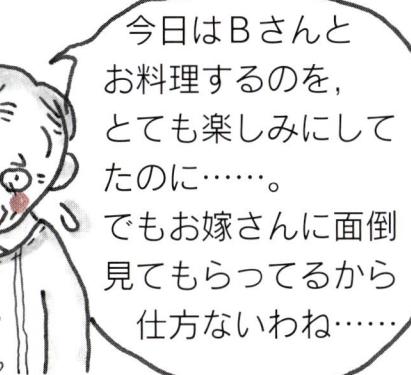

Aさん71歳

😟 忙しいから私のスケジュールに合わせてほしい

> ヘルパーさんも来ているなら，お料理なんてしていないで，入浴させてくれればいいのに……

お嫁さん44歳

😮 誰の意見が最優先されるべき？

> Aさんは毎回一緒にお料理するのをとても楽しみにしてくださっています。でも，このタイミングでお嫁さんに「料理を優先させて」とは言えないですよね

> 息子さんもお嫁さんも，Aさんのためを思う気持ちはわかるんですが，何か違う気がするんです。ケアマネジャーさんにも相談してみよう……

Bさんヘルパー歴3年

③ 介護サービスが多様化する時代のケアデザイン
―エコマップで利用者を取り囲む関係を整理―

はじめに考えてみましょう
根拠（エビデンス）のある ケアの提供

　介護保険制度が始まり，契約社会になったことで，多くの業界が福祉に参入してきました。

　それにより福祉サービスも多様化し，色々な人と関わりを持つことができるようになり，高齢者の生活の幅も広がりました。

　しかし，高齢者自身の生活を豊かにする一方で，サービスを提供する側はその質が問われたり，人間関係の複雑さから発生する問題が同時に起きているのも事実です。

　そのため，ただケアを提供するだけでなく，「なぜそのケアを提供するのか」を考え，根拠に基づくケアを提供する必要がでてきました。

（吹き出し）今日も一緒にお料理してね！

一緒にお料理をすることが，Aさんの要望だし，ニーズでもあるから，利用者本位の視点ではOKだよね……

なぜそのケアをしたのか，考えてみましょう

こうしてみましょう　その1
利用者を取り囲む人間関係を図表化し，整理しましょう

　利用者を中心とした一つの図の中に，取り囲む人間関係や周辺環境について，わかりやすく描いたものを「エコロジーマップ（以下，エコマップ）」と言います。

　利用者を取り囲む人間関係が複雑な時，エコマップを用意することで，利用者の環境全体を見渡すことができます。

　利用者本人だけでなく，他者への働きかけをしなければならない場合など，重要なる他者（9頁参照）でもある「キーパーソン」を決めておくことで，どの人にアプローチをしたらよいかを考えやすくなります。

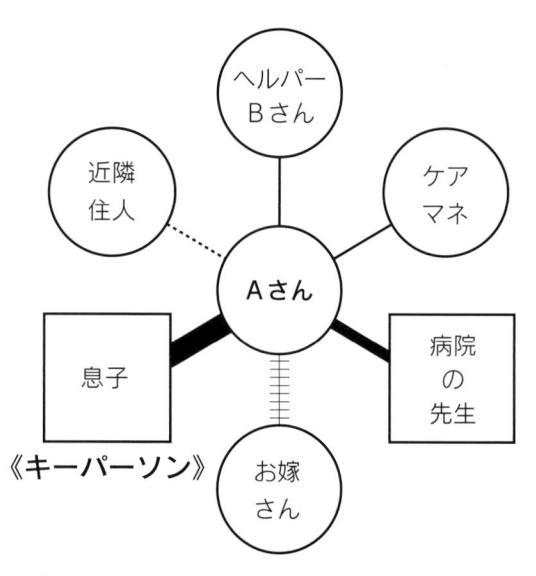

《キーパーソン》

まず本人を中心に描き，その周りに関係のある人を描きます。
男性を□，女性を○で表し，線が太くなるほど関係性が強いことを示します。╫╫╫，………は関係が希薄なことを示します。

Aさんのエコマップの例

③ 介護サービスが多様化する時代のケアデザイン

こうしてみましょう その2

包括的日常生活援助

　利用者の一日24時間の生活の流れが途切れることなく、時間の流れの中に排泄、入浴などのケアを違和感なく組み入れていくことを「包括的日常生活援助」と言います。

　例えばアクティビティの最中に、トイレやお風呂などへ誘導をすることもありますが、利用者にとって、排泄や入浴そのものは、日常の中での一つの行為に過ぎません。

　そのため、介助に入る際にはそれまでの時間の流れを尊重し、可能であれば少し待つなどの配慮をしたり、どうしても途中で介助に入らなければならない際には、戻った後の様子にも気を配ることが、心地よい時間を過ごしていただく秘けつなのです。

アクティビティの最中に援助する際、利用者が「誰とどこで何をしていたか」という状況を把握し、援助後に利用者が同じ空間（この場合は将棋の場）に戻れるように配慮しましょう

こうなりました！

ヘルパーBさん

　ケアマネジャーと相談し、エコマップを作ったことで、Aさんがどのような関係の中にいるのかがわかりやすくなりました。

　料理がAさんの生活の中での楽しみになっていることを、キーパーソンである息子さんに説明して理解していただき、Aさんの要望であるお料理のサポートが続けられるようになりました。

Aさん

　みんなにバラバラにいろんな意見を言われることがなくなり、気持ちも生活も落ち着きました。

　大好きなお料理も続けられて、うれしいわ。

お嫁さん

　お義母さんがBさんとのお料理を楽しみにしている、と夫やケアマネさんから聞き、私が入浴のお手伝いに行く時間と、Bさんがいらっしゃる時間をずらすようにしました。

④ 社会福祉援助の法益放棄

インフォームドコンセントの大切さを考える

朝のおむつ交換

おむつの交換の時間だ。一気にやっちゃおう！

Aさん，おはようございます！ おむつ交換しましょう

Aさ〜ん　す〜す〜

Aさん，寝てるけど時間だからおむつ替えちゃおう

……ん……んんん？

あ，Aさん！起きました？おはようございます

④ 社会福祉援助の法益放棄

オイッ!! なにを勝手にオレの服を脱がしてるんだ!! やめろ!!

え!! Aさん?

勝手におむつ交換されて怒っている

無断で服を脱がせるなんてゆるせない!!

オレは弁護士なんだぞ! 訴えてやる!!

Aさん62歳

なんでAさんに怒られるのかわからない

ちゃんと声かけしたのに, Aさんが寝てたからおむつを替えたのに, なんで怒るんだ!?

でもAさんは元弁護士だし, 本当に訴えられたらどうしよう!!

スタッフ歴4年

④ 社会福祉援助の法益放棄
―インフォームドコンセントの大切さを考える―

はじめに考えてみましょう

疑問形の声かけをしましょう

　一般的な介護のテキストでは，介助時の「声かけ」の大切さがよく書かれています。

　「声かけ」の目的は，利用者に今から何をするのかを伝えるという意図がありますが，実際にプロとしてケアを実践していく上では，もっと大切なことがあります。

　それは「利用者の意思」の確認です。

　スタッフが一方的に「～をしますよ」と言いながらの介助では，利用者の「はい」「いいえ」の意思が入りません。

　「はい」「いいえ」で答えられるように，「～してもいいですか？」と，疑問形の声かけを行うことが大切なのです。

一方的な介助（～しますよ → ……）

利用者の意思が入る介助（～してもいいですか？ → 「はい」または「いいえ」）
相手の意思が入るように疑問形の声かけをしましょう

こうしてみましょう　その1

法益放棄（ほうえきほうき）の大切さ

　人は皆「第三者に勝手に触られない権利」を持っています。つまり「触っていいですよ」という意思がない人に触った場合，相手が「いやだ」と思ったら，その行為は強制的に行われていることになり，犯罪にもなりかねません。

　介助の場面では，排泄，着脱，入浴など，普段の生活で他人に見せることのない部分に介入し，身体に触れることが多くあります。

　そのため，疑問形の声かけをすることで，触れていいかどうか相手の意思を確認し，権利を放棄してもらうことが大切になります。

　これを「法益放棄（ほうえきほうき）」と言います。

（Bさん，お散歩に行きますよ／行きたくないな／誘拐罪!?）

例えば散歩の場合も，法益放棄をせずに連れて行くと誘拐罪になる可能性があります

④ 社会福祉援助の法益放棄

こうしてみましょう その2

代替的意思決定

　介護の現場では，疑問形の声かけをしても，言語で「いいですよ」と返事ができない利用者もたくさんおり，意思が確認できないことも多くあります。

　では返事がない場合はどうしたらいいのでしょうか？

　専門職であれば，相手の意思を尋ねる形をとることで，返事がなくても，利用者が「介助に入っていいです」と返事をしたのだ，と代わりに意思を判断できるのです。

　これを「代替的意思決定」と言います。

　このように，コミュニケーションがとれない方でも，同意を得る機会をつくることが大切です。

　これを一般的にインフォームドコンセント（説明と同意）と言います。

> Bさん，お散歩に行きますか？
> ……
> Bさんは「はい」と言っている

代替的意思決定

専門職として疑問形の声かけをすることで，相手が「はい」と返してくれたと判断することができます

こうなりました！

スタッフ

　Aさんが目を覚ましてから，
「今からおむつを替えますがいいですか？」
という声かけをするようにしたら，少しずつ協力してくれるようになりました。

　それが普通になったら，寝てる時におむつ替えしても，怒られなくなりました。

Aさん

　意思を聞いてくれるから，嫌な時は嫌だと示すことができるし，その時は職員も何でだろうと考えてくれるから，心地よくケアが受けられるよ。

⑤ 利用者の不自由さとはなんでしょう

個別援助には，
その人の不自由さに注目

ある朝のこと

おはようございます！

みなさんおはようございます

Ａさん，おはようございます

元気ないですよね，Ａさん

Ａさんは車イスだから，自分で動けないのがつらいんじゃないかな？

⑤ 利用者の不自由さとはなんでしょう

「Aさん、お天気もいいですから、散歩に行きませんか？」

「いいですね」

目が見えづらくなって、読書が楽しめない

ハア…

Aさん83歳

「大好きだった本が読めないことがつらいのよ……
職員はなかなかわかってくれないわねぇ……」

Aさんに喜んでもらえたはず

「みなさん外出がお好きだし、外に出れば元気になりますよね！」

Aさんの反応に違和感

「お散歩にお誘いした時、あんまりうれしくなさそうだった気が……」

Bさんスタッフ歴3年　Cさんスタッフ歴5年

⑤ 利用者の不自由さとはなんでしょう
―個別援助には，その人の不自由さに注目―

はじめに考えてみましょう

情報にとらわれず，その人の不自由さを読み取りましょう

　介護度や障害者手帳の等級，アセスメントシートの疾病や障害の種類などで，その人の不自由さを判断してしまうスタッフもいます。

　しかし，資料の上では同じ介護度や障害でも，実際は感じる不自由さが人それぞれ違いますし，いろんな利用者がいるのです。

　不自由さを感じる程度や場面は，個々に違うので，日常生活を営む上では，どこに不自由を感じているのかを明確にすることが大切です。

　ですからスタッフは，目の前の利用者一人ひとりの様子から情報を一生懸命読み取り，その人がその時に，どこにどのような不自由さを感じているかを考えていく必要があるのです。

> アセスメントシートでは，Aさんは下肢マヒとしか書かれてないけどなぁ……

高齢になるといろんな不自由を合わせ持っている方が多いです

こうしてみましょう　その1

不自由さの視点について

　不自由さを理解するには，他にも押さえておかなければならない点があります。

　たとえば目が不自由な利用者は，どのような点が不自由だと感じるでしょうか？　横断歩道を渡る時を考えてみると，目が不自由なわけですから，信号が見えないことに不自由さを感じると考えられます。それを補うための一つとして，信号が青の時に鳴る音楽があります。

　しかし，選挙カーなど大きな音が鳴るものが信号の近くにあると，その音楽を聴き分けることが困難になってしまう可能性があるのです。

　この時，目が不自由な利用者は，耳も不自由だと感じているのです。このように，状況によって不自由さが変化するのです。

不自由な感覚を体験してみましょう

① 左右の手のひらを，目の前で合わせます。親指，人さし指，中指，小指をくっつけたまま，薬指だけ離そうとすると，ちゃんと離れることを確認します。

② 両方の中指だけを折り曲げて，手のひらの間に入れます。親指，人さし指，小指の先をくっつけ，薬指を離してみましょう。

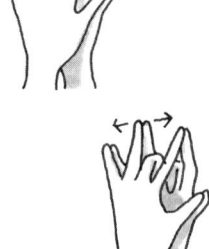

　どのように力を入れても，薬指は動かないはずです。この「動かしたくても思うように動けないイライラ感」が，不自由さの感覚に近いと言われています。

　またその薬指を，他の人に自由に動かしてもらいましょう。利用者には自分の意思とは関係なく動かされることに，違和感や，抵抗できない感覚があることが理解できると思います。

⑤ 利用者の不自由さとはなんでしょう

こうしてみましょう その2

その時の不自由さを読み取るためのアセスメント

　よく知らない人とペアになり，相手について観察だけでアセスメントし，右の10項目の質問に答えてみてください。
　これを全問正解するのは難しいことです。
　しかし，福祉の世界のアセスメント＊では，1問のミスも許されないのです。
　例えば「今暑い？　寒い？　ちょうどいい？」というアセスメントを読み違い，暑く感じている利用者を放置してしまった場合には，命の危険も考えられます。
　利用者が感じていることを読み間違えて，ミスがあれば，大きなダメージを与えたり，信頼関係を失うこともあります。

【アセスメント10項目】
① 男性？　女性？
② 何歳？
③ 今暑い？　寒い？　ちょうどいい？
④ 今，下着も含めて衣類を何枚着ている？
⑤ パンが好き？　ご飯が好き？
⑥ 入浴の時，身体はどこから洗う？
⑦ 身体は左右どちらがひねりやすい？
⑧ 1ヵ月に使えるお小遣いはいくら？
⑨ 好きな有名人，芸能人は誰？
⑩ 今，愛している人はいる？

　なぜこの10項目なのかは付録（63頁参照）で説明していますが，すべての情報をアセスメントできて初めて，援助が始められるというシビアさを持つことが大切です。
＊アセスメント：利用者のケアをする上で必要な情報を収集し，状態像を理解すること。

こうなりました！

スタッフBさん
　Aさん個人の様子をよく見ていたら，Aさんが本を読みたいのだと気づきました。
　メガネがくもっていたので，拭いてあげました。

スタッフCさん
　Aさんが読書を楽しめるように，虫メガネを渡してみたり，ボランティアさんに本の朗読をお願いしたりと，配慮するようになりました。

Aさん
　スタッフのBさんやCさんが気づかってくれて，これからも本を楽しめるようになりました。
　たまに来てくれる読書ボランティアさんとの時間も，楽しいわ。

⑥ 生活のレクリエーション化

排泄のフォローから考える

> 犬も歩けば棒に当たる

> あ—！

> ハイ！

> ……

> Aさん、どうしたの？いつもはもっと札とれるじゃない

> い…いや

> ハイ！

> あっ！Aさん……

2，3日後

> Aさん、今日は皆で焼芋をしようと思いますが参加しませんか？

> プイッ

> いいえ、遠慮しときます

次の日

> 今日はAさんのお好きな手芸をして楽しみませんか？

> そんな気分じゃないの

⑥ 生活のレクリエーション化

「Aさん 今日は……」

「もう，ほっといてください！！」

レクリエーションに参加しなきゃいけないの？

「正直，あれからはトイレのことが気になって，気になって。あんな恥ずかしい思いをするのなら，もうレクなんて参加しなくていいわ……」

Aさん72歳

レクに参加してもらえるように，努力してるんだけど……

「高齢者のしたいことをスタッフ皆で考えて，楽しんでもらえるように工夫しているし，Aさんも前は楽しんで参加してたのに……」

「Aさんに何かやりたいことはないか尋ねても「ほっといてください！」の一点張り。集団じゃなくても個別で好きなことができるように準備してるんですが……」

Bさんスタッフ歴7年　　Cさんスタッフ歴4年

⑥ 生活のレクリエーション化
―排泄のフォローから考える―

はじめに考えてみましょう

人が心地よく生活するためには

　私たちの生活は大きく「基礎生活（衣食住など）」，「社会生活（働くことなど）」，「余暇生活（趣味活動など）」の3領域に分けることができます。この3領域がバランスよくとれて，初めて生活の質の向上が見られるのです。

　特に，高齢者の生活は基礎生活が大部分を占めているため，基礎生活が充実しないと，余暇生活や社会生活へ意欲が向きません。

　まずは高齢者の基礎生活を充実させることが大切です。

　今回の事例では「排泄」という基本的なところをフォローできなかったために，高齢者が不快な思いをしてしまったのです。

社会参加や趣味を楽しむためには，基礎生活を充実させることが大切です

こうしてみましょう　その1

レクリエーションとは生活全般を見直すこと

　日本で余暇活動という意味で多く使われている「レクリエーション」という言葉について，本来の意味を考えてみましょう。

　この言葉の語源は「re（もう一度）＋creation（創造する）」で，生活全般を見つめ直し，楽しい時間を作り上げていく，という意味です。

　つまり余暇の時間に限らず，また何か活動をしなければいけないという考えを捨て，高齢者の生活を一緒に作り上げ，楽しく過ごしていただけるよう意識してケアをすることが大切なのです。

生活の中で役割を持っていただき，生きがいにつなげることも，レクリエーションと言えます

⑥ 生活のレクリエーション化

こうしてみましょう その2

生活のレクリエーション化の視点

　今，現場での余暇活動としては，画一的な集団遊びの域から，個別的な趣味活動や余暇活動へと移行しつつあるところもあります。もちろん余暇活動を提供する際，一人で行う活動ばかりが推奨されるべきではないし，集団で行う活動ばかりなのも好ましくありません。

　余暇活動は，利用者のニーズに沿って行うと同時に，生活そのものに楽しみやゆとり，遊び心を入れ「生活のレクリエーション化」をはかることが必要になってきます。この「生活のレクリエーション化」はスタッフにとって欠かせない視点と言えます。

余暇活動 → 生活に取り入れる

一歩進んで

生活の中で「よりよく」「より楽しく」過ごすためには？

生活のレクリエーション化

日常生活そのものを楽しく心地よく，快適にしその人らしく生活できるように整えることが大切です

こうなりました！

スタッフBさん＆Cさん

　トイレを我慢してまで遊びに参加したいという人はいないことに気づき，利用者の思いをくみ取ること（54〜57頁参照）や，活動中にいつでも席をはずせるように工夫しました。

　また，人それぞれの生活を見直して，Aさんの場合はお得意なお料理をお手伝いしていただくなど，日常生活の中に楽しみを持ってもらえるように援助しました。

利用者さんが選択できる環境を作り，一緒に生活を創るように心がけています

Aさん

　職員さんたちはおおげさではなく，何気なくトイレのタイミングを気にかけてくれているようで安心です。

　お料理とかお裁縫とか，若い頃を思い出しながら過ごす，楽しい時間が増えてきました。

ホッ

⑦ 生活の質を向上させるということ

食べ物が形でわかるようにすることから

ある日の昼食

「Aさん，昼食をお持ちしました」

「今日の昼食は鮭の塩焼きと，里芋煮，きゅうりとワカメの酢の物，ごはんです」

「どうぞ」

全部ペーストだ→

……

モソモソ

⑦ 生活の質を向上させるということ

ミキサー食は食べる気がしない

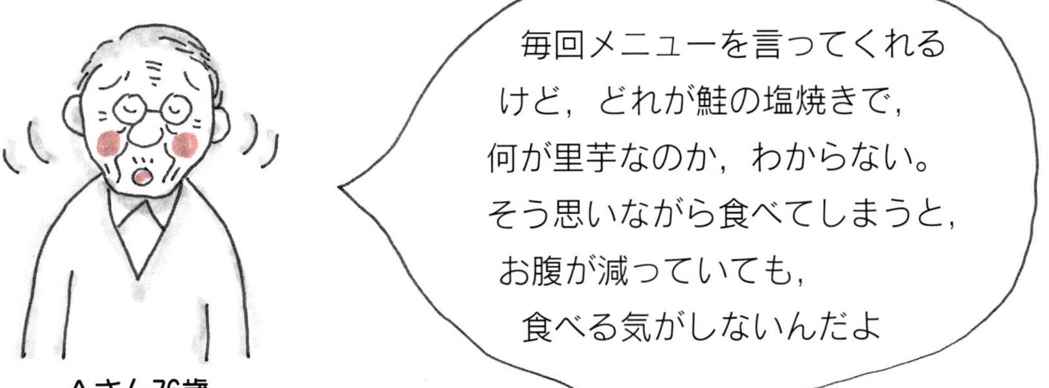

あら，もう食べないんですか？お腹すきますよ！

もういりません

毎回メニューを言ってくれるけど，どれが鮭の塩焼きで，何が里芋なのか，わからない。そう思いながら食べてしまうと，お腹が減っていても，食べる気がしないんだよ

Aさん76歳

なんで残すのかわからない

食欲がないのかと思ったら，「お腹はすいてる」って言われるのよね。でも食事は残されてるし。どうしちゃったのかしら？

Bさんスタッフ歴2年

ミキサー食の人でもおいしく食べてもらえるように，味には気を配っているはずなんだけど，食べ残しが多いのは気になります

厨房スタッフCさん

⑦ 生活の質を向上させるということ
―食べ物が形でわかるようにすることから―

はじめに考えてみましょう

よりよい食事をするために考えること

　一般的に食べ物を噛んだり，飲み込んだりすることが困難になった高齢者には，刻み食やミキサー食が提供されます。そうすることで機能が低下した高齢者も食の幅が広がって，できるだけ常食の味を損なうことなく，口から食事ができる楽しみも増えています。

　しかし「食べたい」と思うかどうかは，味だけでなく，準備された食事を「目で見る」ことによっても，影響されるものなのです。

　ここでは食事を例に取り，ケアのちょっとした工夫が，高齢者の生活の質を向上させるということに注目してみましょう。

試しに目をつぶって肉の塊を食べてみましょう

こうしてみましょう その1

おいしそうに見せる食事の工夫とは

　人間は食事をする際に，視覚から多くの情報を得ていると言われています。

　近年使われているトロミ剤などは，時間が経っても形状を保つことができるものも多く，その特徴を利用して型取りしたり，形を整えて提供することが可能になりました。

　例えば鮭の塩焼きは，常食の時には皮つきで出されますね。それと同じように，ミキサー食であっても，ペースト状にした身の部分だけを皿に盛るのではなく，皮もつけて飾るなど「おいしそうに見せる」工夫をしてみましょう。

ミキサー食の盛り付け例

⑦ 生活の質を向上させるということ

こうしてみましょう その2

食器にも配慮をしましょう

　高齢者が自分自身で食事ができるよう，自助具を用いることがあります。障がいに合わせて使いやすく工夫されたフォークやスプーンもありますし，底に傾斜がついていて，斜めにしなくても中身が簡単にすくえるお皿も便利です。

　厨房から普通のお皿できた料理を，現場でこういったお皿に移しかえることもあるでしょう。

　その時，主菜と副菜を混ぜていませんか？

　丼物をお皿に移しかえたら，具がごはんの下敷きになってしまったことはありませんか？

　食後のデザートを，食事の皿にそのままのせていませんか？

　これではせっかくの「おいしく見せる」工夫も台なしです。

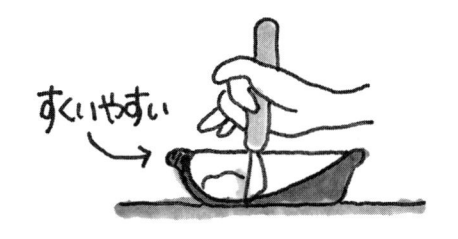

その人に合わせた配慮をすることで
利用者さんは心地よく食事ができるのです

こうなりました！

スタッフBさん
　Aさんからは「今日は魚だね，何の魚だい？」なんて言葉が聞かれるようになりましたよ。
　全介助で食事をする方には，利用者から見える位置にお膳を置くようにしました。

厨房スタッフCさん
　見た目でメニューがわかるように工夫するようにしたら，食べ残しも減りました。

Aさん
　食べ物が形でわかるようになって，味もおいしくなった気がするよ。
　食事の時間が楽しみになりました。

⑧ 安心・やすらぎの介護テクニック①

利用者が心地よい入浴介助とは

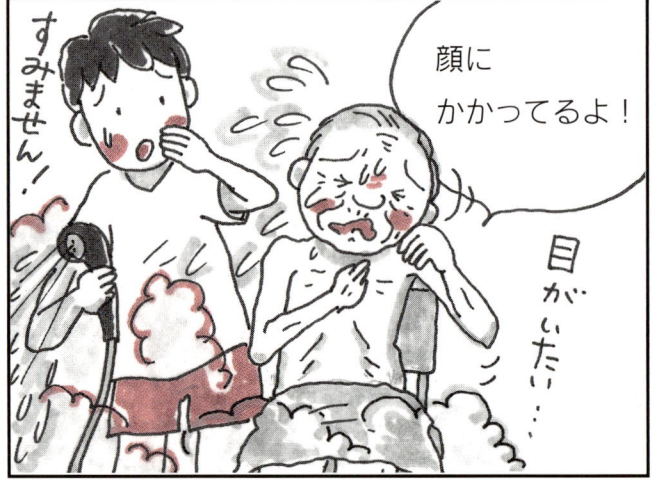

ある日の入浴

さあAさん入浴しましょう

Aさん、お湯かけますね！

はいよ！

ヒャーッ！熱い！！

すみません！！

Aさん、髪の毛洗いますね！

……

ヒャー！！

すみません！！

顔にかかってるよ！

目がいたい…

⑧ 安心・やすらぎの介護テクニック①

オロオロ

お，お風呂気持ちがいいですよね……

次はどこを洗いますか…

もう，いいよ……

😠 気持ちよく風呂に入りたいよ

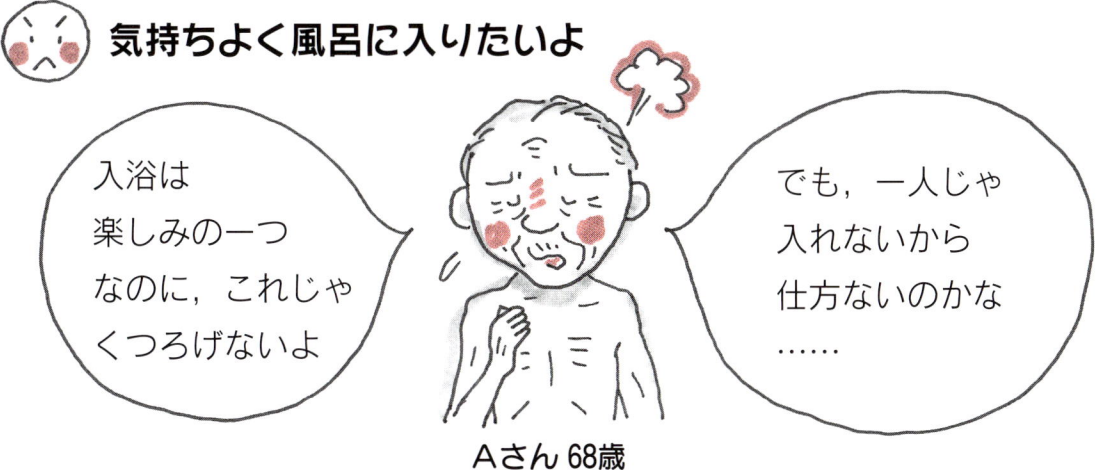

入浴は楽しみの一つなのに，これじゃくつろげないよ

でも，一人じゃ入れないから仕方ないのかな……

Aさん 68歳

😵 気持ちよく入浴してもらいたいんだけど……

気をつけてるつもりだけど，いつも怒られてしまう……。どうしたらいいのか

すみません…！

すみません…！

でも，ちょっとぐらいはガマンしてほしいな……

スタッフ歴1年

⑧ 安心・やすらぎの介護テクニック①
―利用者が心地よい入浴介助とは―

はじめに考えてみましょう

高齢者の立場になってみましょう

　入浴は多くの日本人にとって，楽しみの一つであると考えられます。しかし急に熱いお湯がかかればびっくりしますし，心臓などに機能低下が見られる人にとっては，大きな負担をかけることにもなりかねません。

　職員に見下ろされている状態だけでもかなりの圧迫感や恐怖を感じるのに，急にお湯がかかっては，不快感だけが残るでしょう。

　高齢者がどのような気持ちで，どんなに楽しみにされているのかを考えることは，心地よい援助をするための基本になります。

お風呂の楽しみとは何か考えてみましょう

こうしてみましょう　その1

間接接湯をこころがけましょう

　美容院や理容室で，どのように髪を洗ってもらっているか思い出してみてください。

　美容師さんは自分の手にお湯をかけながら，私たちの髪を洗っています。これは自分の手でお湯の温度を確かめることはもちろんですが，手の向きによってお湯の流れを作っているのです。

　顔はデリケートな部分の一つですから，むやみにお湯が顔に当たると，不快感を与えます。

　美容師さんのように「間接接湯」を行うことで，急に熱いお湯がかかる心配もなく，顔にも無駄にお湯がかからないことで，安心して入浴できるでしょう。

お湯を一度援助者の手に当てるだけで，
心地よさが増すのです

⑧ 安心・やすらぎの介護テクニック①

こうしてみましょう その2

どこから洗うかも人それぞれ

顔や身体を清拭したり洗う順番には，一応の決まりがありますが，必ずこの順番でやらなくてはならない，というわけではありません。

心地よさを感じていただくためには，高齢者が今まで自分でやっていたのと同じ順番で行うのがいちばんです。

人はなにかしらこだわりがあるもので，その方法と違うと違和感を覚え，心地よくなるはずが，しっくりこない感覚になりかねません。

ただし，目頭は特に雑菌が入りやすいので，最初に拭くか，違うところを先に拭いた場合は，タオルの面を変えるなどの配慮をしましょう。

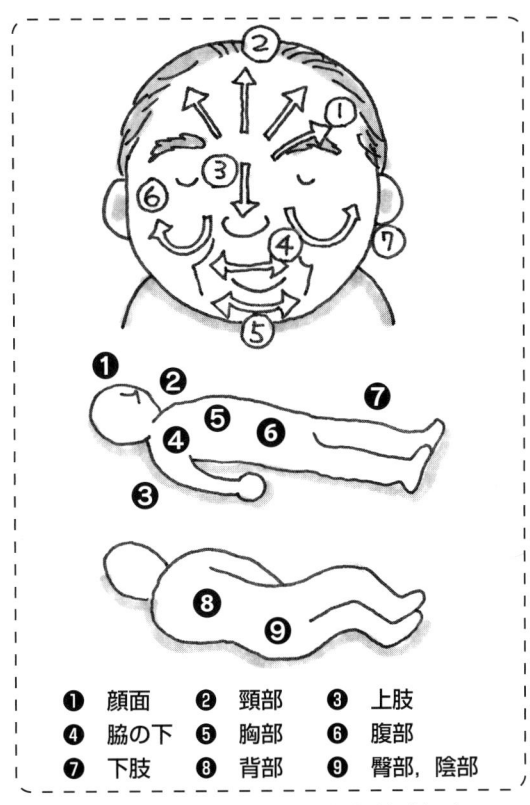

❶ 顔面　❷ 頸部　❸ 上肢
❹ 脇の下　❺ 胸部　❻ 腹部
❼ 下肢　❽ 背部　❾ 臀部，陰部

雑菌の入りやすいところから拭くため，清拭の順番にはこのような決まりがあります

こうなりました！

スタッフ

今までの介助を振り返り，身体を洗う時も「どこから洗いますか？」と声をかけるようにしました。

入浴以外の援助に関しても，利用者の思いを感じながらするようになってきています。

「どこから洗いますか？」
「左手からお願いします」

Aさん

安心してお風呂に入れるようになってきたよ。やっぱりお風呂は気持ちいいね。毎回楽しみだよ。

「さっぱりしたよ」

⑨ 安心・やすらぎの介護テクニック②

安心してもらえる移動介助とは

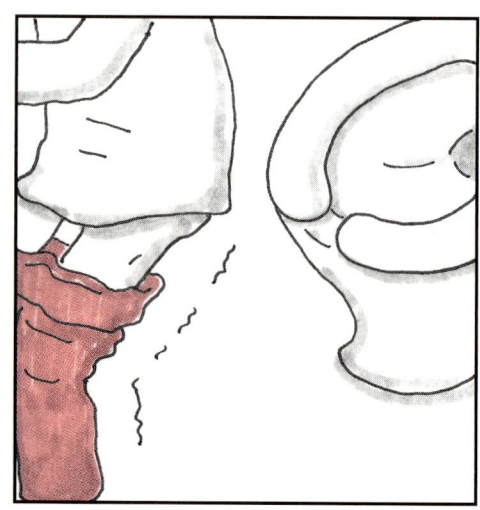

トイレ誘導中

ゆっくり便座に座りましょうね
はい

座ってください
ぐいっ

あっ、あっ

⑨ 安心・やすらぎの介護テクニック②

> そんなに緊張して怖がらなくても大丈夫ですよ

後ろ向きに座るのが怖い

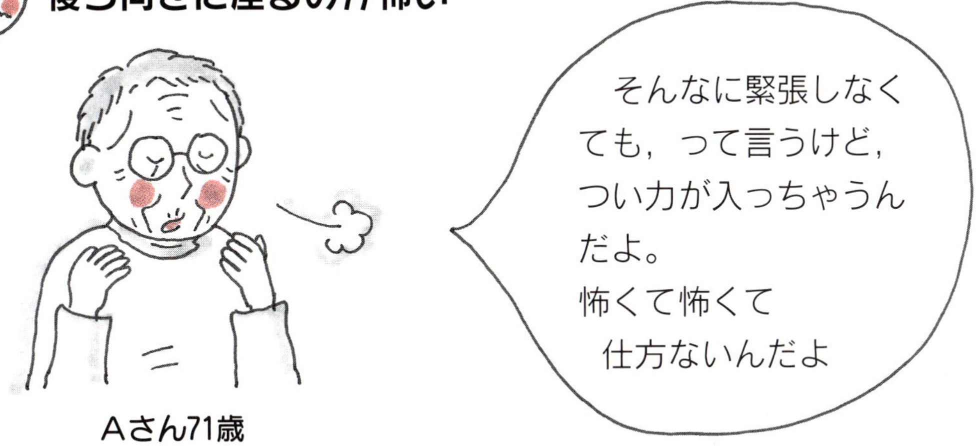

> そんなに緊張しなくても，って言うけど，つい力が入っちゃうんだよ。
> 怖くて怖くて仕方ないんだよ

Aさん71歳

なんで怖がるのかしら？

> ちゃんと声かけしてるのに，いざ座るとなると動かなくなっちゃうんですよ。なんでかしら？

Bさんスタッフ歴1年

移動介助で腰に負担が……

> 普段はそんなに緊張がある人ではないんだけど……。座る時はずいぶん力まれるから，こっちも腰にくるのよね。

Cさんスタッフ歴4年

⑨ 安心・やすらぎの介護テクニック②
―安心してもらえる移動介助とは―

はじめに考えてみましょう

ちょっとした配慮の違いで安心感を与える

　立つことや座ることを手伝う際に，少しの配慮ができるかできないかで，利用者にとっては安心感に大きな違いがあります。

　声かけをしながら介助するのは当たり前です。しかし，それだけではカバーできない恐怖が，実は「立つ」「座る」といった動作の中に隠されているのです。

　それは「見えない恐怖」と「感じられない恐怖」です。私たちは普段座る時に，無意識のうちに座る場所を見て，その位置や距離感を確認しています。

　しかし，介助者に身体をまかせている利用者には，それができないため，つい緊張して力が入ってしまうのです。

例えばレストランで椅子をひいてもらって座る時，座りにくく感じて，動きがぎこちなることはありませんか？

こうしてみましょう　その1

「見えない恐怖」の対処法とは

　見えない恐怖とはいっても，介助しながら後ろを見ていただくことはできません。

　そもそも私たちも自分で座る時に，後ろをじーっと見ながら座ることはしないはずです。私たちは無意識のうちに，身体の一部を椅子に密着させることで，直接見なくても，椅子がそこにあることを感じて座ることができているのです。

　移動介助の時は，このように「物と身体の密着部分をもたせる」ことで，利用者に「座ってもよいのだな」ということを感じさせることができます。すると自然に無駄な力が抜けるのです。

便座があるのわかりますか？
座りますよ

ここに便座があるんだな

この数センチの距離を縮めることが心地よさにつながります

⑨ 安心・やすらぎの介護テクニック②

こうしてみましょう その2

数センチの距離を縮めるために

では利用者の身体と座る場所を密着させてあげるには，どのようにしたらいいでしょうか。

利用者に数センチの距離を，ただ後ろ向きに下がっていただくのは，転倒の危険も伴います。

介助者が一歩足を踏み出し，利用者の身体を支えながら，利用者の足を後ろに下げてあげましょう。

座る場所に触れることができて利用者が安心できるだけでなく，介助者にとってもただ立っている姿勢から座らせるより，腰の負担が軽くなるはずです。

利用者を座らせる時に足を一歩踏み出すことで，移動介助の負担も軽減します

こうなりました！

スタッフBさん

スタッフが移動の時に一工夫するだけで，怖さが減るなんて驚きでした。

介助者のちょっとした気配りで，こんなに違うとは思いませんでした。

スタッフCさん

移動介助のコツを学んだら，腰痛もラクになりました。

Aさん

最近はトイレに座るにも位置がわかるようになったから安心できるよ。

元気な時は，横にある手すりを握って，スタッフさんと一緒に座るようにしてるんだ。

⑩ 心地よさを増す介護テクニック①

心地よいおむつ交換の
テクニック

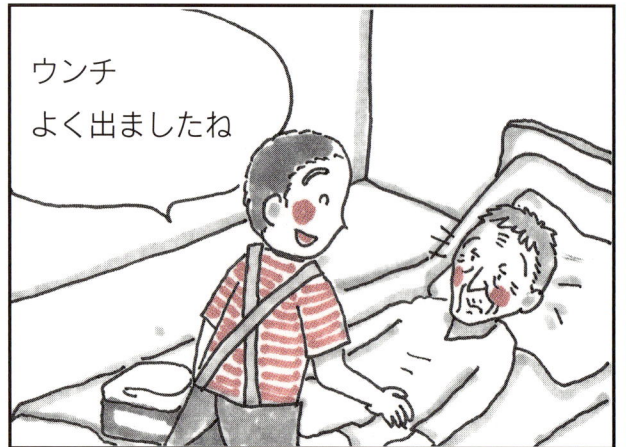

「Aさん おむつ交換終わりです」

「ん？ おおっ！」

「ゆるくてもれちゃったよ！」「すみません」

「Aさん、おむつ替えましょうか？」

「ウンチよく出ましたね」

「……」

⑩　心地よさを増す介護テクニック①

（健康だってほめたつもりなのになんで怒ったの？）

😠 おむつが気持ち悪いし，恥ずかしい

（気持ち悪いおむつのつけ方は困るよ！）

（それに，ただでさえ他人に陰部を見られるのは恥ずかしいのに，排泄物についてとやかく言われたくないよ！）

Aさん83歳

😠 マニュアル通りにやってるのに

（どうしたら，うまくおむつ交換ができるのかな？
排泄物をチェックして，量，質をちゃんと確認しなくちゃいけないし。
よく観察しなきゃいけないですよね）

スタッフ歴2年

⑩ 心地よさを増す介護テクニック①
― 心地よいおむつ交換のテクニック ―

はじめに考えてみましょう

いちばんプライバシーを侵害しているのは誰か？

　おむつ交換の際，プライバシー保護を考えてカーテンを閉めるなどの配慮をしていると思います。しかし考えてみると，スタッフも利用者のプライバシーに踏み入っている一人なのです。

　陰部も排泄物もできれば見られたくないのに，「たくさん出ましたね」などのコメントを言われることは，高齢者にとっては大きなお世話です。

　健康状態のチェックも必要ですが，見られている恥ずかしさを与えないことも大切です。

　ポイントとして，アイコンタクトを行い，陰部を見ていないという姿勢を示すことで，高齢者に安心感を与えられるでしょう。

観察のために陰部をじーっと見てしまう行為を高齢者はどう感じているか考えてみましょう

こうしてみましょう　その1

おむつ交換のテクニック1

　おむつ交換のテクニックとして，「おむつは手前に引っ張る」ことがあげられます。

　おむつを当てる際に，何度も上に引っ張ると陰部にあたってしまいます。それは不快感につながりますので，手前に引っ張るようにしましょう。この動作によって，内側のギャザーが立ち，横もれの防止になります。

　次に「おむつの後ろを高くする」ようにしてみてください。おむつをして座ると，後ろ側が下がってしまうので，おむつを当てる時に，あらかじめ後ろを高くしておくことで，動いてもずれないようになります。

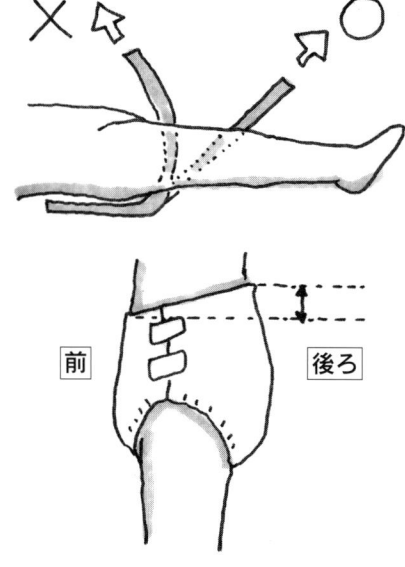

このポイントを踏まえると，おむつがしっくり感じるでしょう

⑩ 心地よさを増す介護テクニック①

こうしてみましょう その2

おむつ交換のテクニック2

　紙おむつのギャザーですが，股の内側についているものは，内側に折って装着することで，排泄物が外に漏れることを防ぐようになっています。

　また，外側についているギャザーは外側に折ることで，漏れを防止します。

　また，おむつの持ち方ですが，シワがよらないようにとお腹の方を縦に引っ張ってしまう人がいます。しかしこれでは横に伸びずに，逆にシワができやすいのです。

　持ち方のポイントは，角を持って斜めに引っ張ること。横方向への張りが出て，緩みにくくなります。

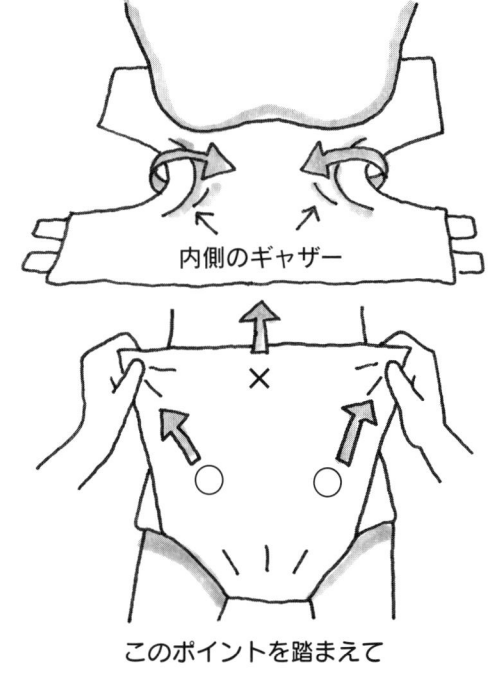

内側のギャザー

このポイントを踏まえて
おむつの漏れを防ぎましょう

こうなりました！

スタッフ

　おむつ交換の際に，アイコンタクト（58～61頁参照）をうまく用いる意識を持つようになりました。また排泄物は，ご本人が見ていないところでチェックを行うようにしました。

　おむつ交換のテクニックを用いることで，以前よりうまくできるようになったと思います。

ホッ…

いい天気ですね

Aさん

　スタッフから陰部をあまり見られていない感じがして，そんなに恥ずかしくなくなったよ。少し安心してケアを受けられるようになったよ。

⑪ 心地よさを増す介護テクニック②

心地よい食事介助とは

コマ1: Aさんゴハンですよ

コマ2: どーぞ

コマ3: ゴホッ!! ゴホッ ゴホッ

コマ4: あんまり食欲ないからいいよ…… そうですかぁ…？ はぁ…

コマ5: 今日はBさんの食事介助だがんばるぞ！

コマ6: Bさ〜ん …… あれ？どうして口が開かないのかな？

⑪ 心地よさを増す介護テクニック②

おいしいわよ〜

……

Bさん！こっちですよ！食べましょう！！

どうしたの？

ムセて苦しいから食べたくない

苦しい思いをしてまで食べたくないよ

Aさん69歳

食事はまだかしら…？

食事はまだかしら？おなかがすいたわ……

Bさん82歳

どうして食べないのか，口を開かないのかわからない

Aさんは食欲がないってことは身体の調子が悪いのかしら？声かけしてるのに，Bさんが口を開けてくれないのはなんでだろう？

スタッフ歴2年

⑪ 心地よさを増す介護テクニック②
―心地よい食事介助とは―

はじめに考えてみましょう

食事を楽しむ環境づくり

　食事を楽しむためには，30〜33頁に書いたように，見た目を楽しめるようにしたり，食器を工夫するなど，提供する時の配慮が重要です。
　そして食事を介助する際には，食べる時の姿勢や，食べ物を認知していただくための工夫が必要になってきます。
　装飾をつけ添え，季節感を取り入れたり，ふとした折に果物を割って香りをかいでもらったり，調理をしている時のにおいをかいでもらうなどして，五感を刺激することも，食事を楽しむ環境づくりにつながります。

見た目や香りなどで季節感を取り入れることも
食事を楽しんでいただくための工夫です

こうしてみましょう その1

食物を飲み込むための4つのポイント

　飲み込むために意識せずに行う動作ですが，高齢になり機能低下すると難しくなります。
(1) 空気圧…口を閉じて空気圧を作ることで，空気と一緒に食物を飲み込みます。嚥下できない方には，飲み込むタイミングで下顎を持ち上げて唇を閉じてあげる援助が必要です。
(2) 舌の動き…舌を動かし咽頭まで食物を運びます。難しい方には，食物を舌の奥に置いてあげることで，飲み込みがスムーズになります。
(3) 水分量…ないと，ムセの原因になります。高齢者は唾液が減るので，気にかけましょう。
(4) 姿勢…正しくないと誤嚥の原因になります。右図のような姿勢になるように介助しましょう。

正しい姿勢は，顎を引き，背筋を伸ばし，
深くきちんと，足をつけて座ることです

⑪ 心地よさを増す介護テクニック②

こうしてみましょう その2

食事を認知していただくために

よく「食事介助で口を開けてくれないんです」と言うスタッフがいます。その様子を見てみると，口から遠く離れたところにスプーンを止めて，声をかけているのです。

また，利用者の口より上から食事を介助しているスタッフもいます。

私たちは上から食べる習慣はなく，下から食べ物が近づいたのを見て判断して「食べ物がきた」と認知して，口を開くのです。

目が不自由な方や認知症の方の場合，下唇（したくちびる）にスプーンをトントンと当てることで食事を認知できます。

さらに，食べ物を飲み込むタイミングの把握や，本人が食べる手の動きに合った介助なども，食認知には必要です。

介助者がご本人の「手」の代わりになるために，右利きの方の食事介助は右側に並んで行いましょう

こうなりました！

[スタッフ]
食事を楽しんでいただくための環境づくりをこころがけました。

介助も自分が食べる時のことを考えて，下の方向からスプーンを運ぶなどの工夫をしました。

[Aさん]
食事の前に姿勢を直してくれるようになったら，ムセなくなったよ。安心して食べられるんだ。

[Bさん]
自分で食べるのと同じように介助してくれるようになって，ラクに食べられるわ。

⑫ 心地よさを増す介護テクニック③

心地よい着脱介助とは

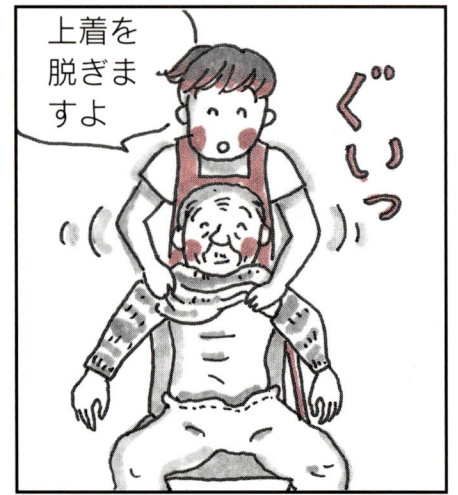

- Aさん着替えましょう
- お願いしますね

- 時間がかかったけど、シワがないから大丈夫だ
- はい、できあがり…
- ありがとう…
- ホッ

- おきがえしましょ…
- はいはい…

- 上着を脱ぎますよ
- ぐいっ

- あれ？なかなか脱げない
- いたたたた…
- ぐいっ

⑫ 心地よさを増す介護テクニック③

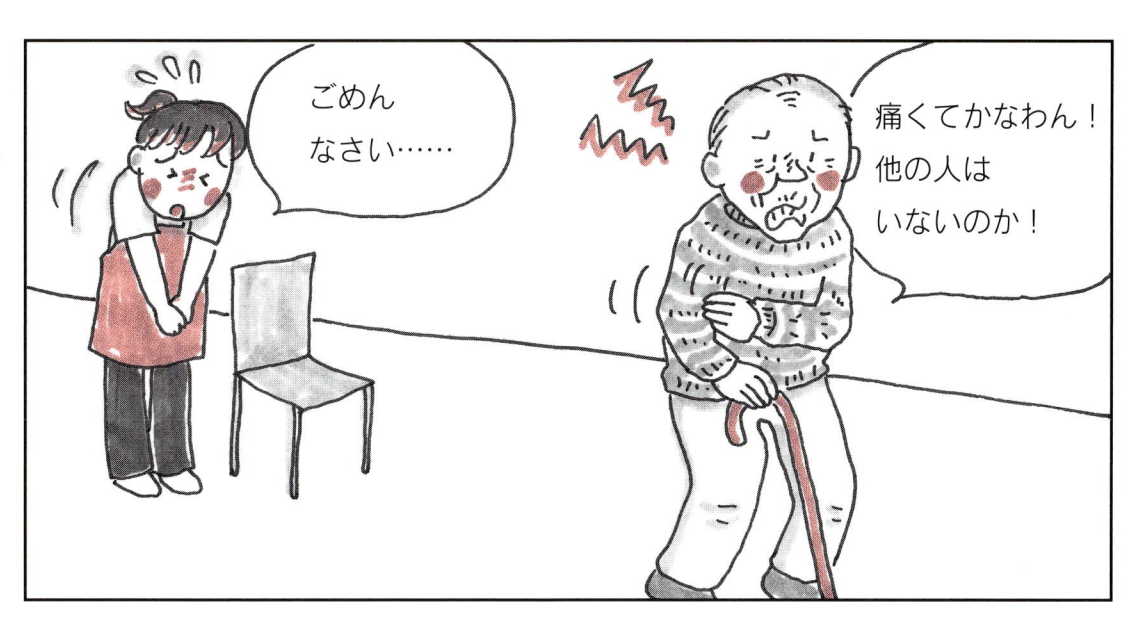

ごめんなさい……

痛くてかなわん！他の人はいないのか！

😟 スタッフによって違う

なんか着心地が悪いのよねぇ

Aさん75歳

😠 脱ぎ着が痛くてイヤ

服を脱ぎ着するだけなのに痛いなんて

Bさん81歳

😲 どうしたらうまく着脱させられるのか，わからない

なかなか上手に着脱させられないんです。急いでやらなきゃ，他の人も待ってるし……

でも，あせるとますますうまくいかないんです

スタッフ歴1年

51

⑫　心地よさを増す介護テクニック③
―心地よい着脱介助とは―

はじめに考えてみましょう

心地よい着脱とはなにか考えてみましょう

　短時間で着替えていただくのがよいと考えがちですが，どうしたら高齢者に心地よい着脱介助ができるか，あらためて考えてみましょう。

　ポイントになるのは，肩のラインです。ジャケットなどを試着する時の，服飾店の店員さんの行動に注目してみてください。最後に肩のラインにしっかり肩が収まるように，整えているのです。

　肩だけでなく，関節がきちんと収まっていることが，服を着る際の心地よさと言えます。

「はい　おしまいです」

服を着せる際には，最後に肩のラインを整えることで心地よさが増します

こうしてみましょう　その1

「着」の関節入れ，「脱」の関節抜き

　着脱の際は，常に手首や肘，肩などの関節を持って動かすことがポイントです。関節以外の部分をつかんでしまうと，ひっかかりやすいうえ，高齢者に苦痛を与えることになります。

　また，手首をそでに通す時は，指がひっかからないように，自分の手で利用者の指先を保護することも大切です。

　そでに腕を通した後，肩→肘→手首と，関節の大きい順に服の位置を整えるのもポイント。

　急ぐあまりに「バンザイ」の姿勢で同時に2つ以上の関節を抜こうとする人もいますが，一つずつゆっくりと行うことが，安全に着脱するコツでもあります。

関節を持つのは○　　　服をひっぱって脱がせるのは×

こうしてみましょう その2

着衣選びのポイント

　腕などに拘縮がある場合は，着脱に困難が生じますので，面ファスナーやボタンタイプの衣類を考える方も多いと思います。

　面ファスナーは，ビリッとつけたりはずしたりでき，ボタンに比べてつけはずしが簡単です。

　しかしその反面，動くとはがれやすく，はがれたまま皮膚に当たると利用者に痛い思いをさせてしまうのです。

　また，何枚か重ね着している時には，上着だけでなく，中の肌着もきちんと揃って着られていることも，心地よさのポイントです。

　高齢者の肌は弱くなってきていますので，直接触れる衣類に気を配ることが大切です。

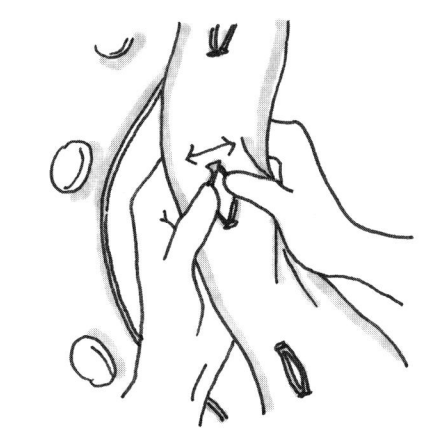

ボタンがけをする際は，あらかじめ指でボタンホールを広げておくとよいでしょう

こうなりました！

スタッフ

　着脱介助の際，服をひっぱって脱がせるのをやめ，ゆっくりと一つひとつの関節を抜いていくようにしました。

　以前は，早く行わなければと急いで雑になっていたので，苦痛だったのだと気づくことができました。

Aさん

　心地よく衣類を着こなすことができるようになってきたわ。

　重ね着をしても動きやすいのよ。

Bさん

　痛くなくなって，気持ちよく着替えられるようになりました。

⑬ コミュニケーションの気配り介護テクニック①

個々の利用者のノンバーバルコミュニケーションを把握するには

コマ1:
- またAさんがさわいでるわ
- こわいわね…
- うあああーー！！
- うわっ
- なんでAさんは怒ってるんだぁ!?

コマ2:
- うあー！
- あの…えと…

コマ3:
- テレビをつけてほしいんですね
- ピッ
- ピッ
- あれっ？

コマ4:
- ああーー！ああーー！
- Aさんまた…

コマ5:
- はーい
- Aさんひざかけですよ

⑬ コミュニケーションの気配り介護テクニック①

自分の思いがなかなか伝わらない

「テレビを見たいだけなのに、なんで怖がるんだ」

「スタッフのCさんだけは、すぐにわかるのに。なんだかさみしいなあ」

Aさん86歳

言語障害の方とどう接していいかわからない

「Cさんはなんでテレビとか、ひざかけとか、わかるんだろう？どうしたら言語が不自由な利用者のことをもっと理解できるのかな？」

「Cさんみたいにベテランになればわかるのかな？」

Bさんスタッフ歴2年

⑬ コミュニケーションの気配り介護テクニック①
―個々の利用者のノンバーバルコミュニケーションを把握するには―

はじめに考えてみましょう

ノンバーバルコミュニケーション

　私たちは普段，会話など言葉でコミュニケーションを図ることが多いため，言葉が不自由な方とのコミュニケーションに苦労することも多いと思います。しかし，高齢者からは言葉以外の何かしらのサインが送られていることが多いのです。

　言葉以外のコミュニケーションを「ノンバーバルコミュニケーション」と言います。この重要性を知っている人でも，何気ないサインを見逃しがちです。

　あらためてノンバーバルコミュニケーションの重要性を理解し，常に気にしていることが大切です。

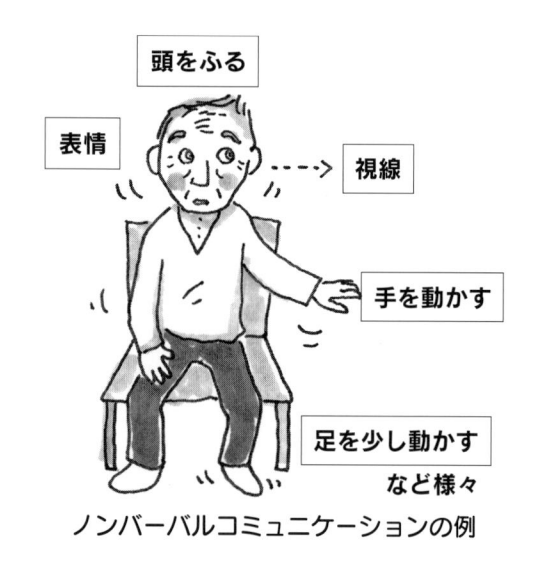

ノンバーバルコミュニケーションの例

こうしてみましょう　その1

表情の裏にあるもの

　表情はノンバーバルコミュニケーションの一つで，これを読み取ることは非常に重要です。しかし，私たちははたしてその真意まで考えているでしょうか？

　例えば何か問題があった時に，笑ってごまかしてしまったことはありませんか？

　それと同じで，高齢者が笑顔を見せていても，本当は大丈夫ではないのかもしれない，という事実があるのです。

　私たちは，表情の通りに受け止めるのではなく，表情の裏にある気持ちに気づくことが必要なのです。

転んだ時に，周囲に心配かけまいと，笑いながら「大丈夫」と言ってしまった経験はありませんか？

⑬　コミュニケーションの気配り介護テクニック①

こうしてみましょう　その2

器官言語を読み取ろう

　言葉に不自由がある方が，暑いと感じているのか，寒いと感じているのかを知る方法は何でしょうか？

　私たちは，暑い時には汗をかいたり，体熱感を感じたり，顔が赤くなったりします。

　逆に寒い時には手足などが冷えたり，震えたり，鳥肌が立つケースなどがあります。これが「器官言語」と言われるものです。

　この器官言語を即座に読み取ることで，鳥肌が立っていれば毛布を一枚かけてあげるなど，対処していくことができるのです。

　その人その人のノンバーバルコミュニケーションをアセスメントシート（4頁）で記録し把握しましょう。

> あ！　かすかにふるえたぞ！寒いのかな？

サインを見逃さずに「あ・うんの呼吸」の援助ができるようにこころがけましょう

こうなりました！

スタッフBさん

　高齢者の発しているサインを探し，言葉以外で伝えたいことを理解しようと努力しています。

　まだまだわからないことも多いのですが，Aさんは視線で訴えることが多い，ということがわかりました。

> あっ！　テレビの方を向いてる！

Aさん

　考えていることが伝わることが多くなり，イライラすることが徐々に減ってきました。

57

⑭ コミュニケーションの気配り介護テクニック②

利用者との心地よいコミュニケーションとは

職員さん！ちょっと！

はーい！Aさん、どうされましたか？

今日の午後お散歩に行きたいんだけど

わかりました！一緒に行きましょう

そろそろ開花する頃でしょうかね？

そう言えば花壇のお花はどうなったかしら？

え、ええ……

ずいぶん暖かくなって、お花も……

⑭ コミュニケーションの気配り介護テクニック②

「どうされましたか？」
「い，いえ……」

「……」

見られると緊張しちゃう…

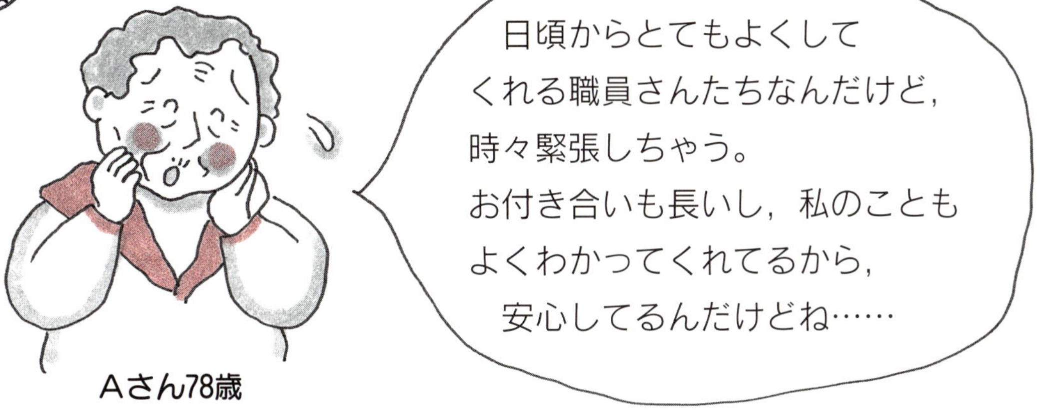

日頃からとてもよくしてくれる職員さんたちなんだけど，時々緊張しちゃう。お付き合いも長いし，私のこともよくわかってくれてるから，安心してるんだけどね……

Aさん78歳

なんで口ごもってしまうんだろう？

言語的にコミュニケーションをとれる方なんだけど，時々口ごもってしまうのはなんでだろう？ 聞き方が悪いのかな？

よくスタッフ同士でも話題になるんですよね。ちゃんと介護の原則通りに，視線を合わせて話をしているんですけどね……

Bさんスタッフ歴3年　Cさんスタッフ歴7年

59

⑭ コミュニケーションの気配り介護テクニック②
―利用者との心地よいコミュニケーションとは―

はじめに考えてみましょう

心地よいコミュニケーションがとれる環境づくり

　言語的にコミュニケーションがとれるのに，利用者の表情や雰囲気に違和感があり，心地よい会話ができていると思えないケースはありませんか？

　高齢者のことを知るためにも，日々のコミュニケーションの中で得られる情報は多々あります。しかし，表面上のことだけを知ればよいというわけではありません。

　高齢者の思いをうまく表出させるためには，声かけの方法はもちろんですが，「いかに心地よくコミュニケーションがとれる環境をつくるか」が大切になってきます。

> 話しやすい雰囲気をつくることも，重要なポイント！

こうしてみましょう　その1

心地よい距離はどれくらいでしょうか？

　介護のテキストでも，コミュニケーションに関して「目線をあわせる。ゆっくり，はっきり話す。笑顔で」など，様々な留意点が書かれています。

　どれも大切ですが，一歩進んで「心地よく」というポイントを考えると，私たちが何気なくやっている行為が，実は利用者に不快感や違和感を感じさせているかもしれません。

　まず大切なことの一つが「距離」です。高齢者と話す際，ついつい近づきすぎていませんか？

　人にはパーソナルスペースと言って，自分と相手との間が心地よいと感じる，適正な距離があるのです。

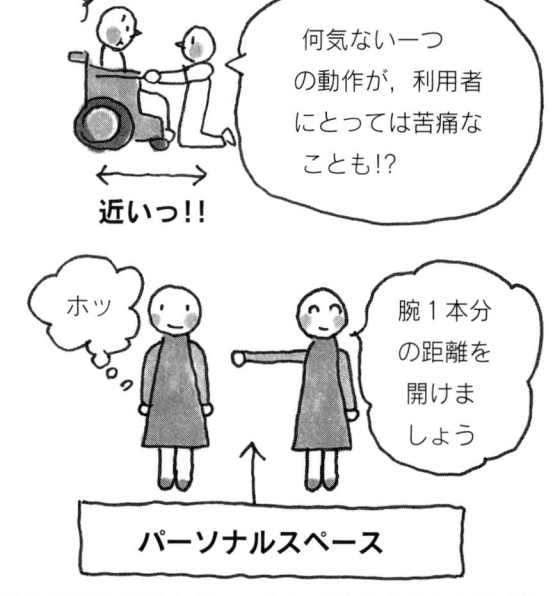

> 何気ない一つの動作が，利用者にとっては苦痛なことも!?

近いっ!!

ホッ

> 腕1本分の距離を開けましょう

パーソナルスペース

相手と適度な距離を保つことも「心地よさ」には大切

こうしてみましょう その2

アイコンタクトを考え直してみましょう

　心地よさを増すテクニックの二つ目として，高齢者に向ける視線についても考える必要があります。

　「相手の目を見て話しましょう」と学んできて，実践している方もいらっしゃるでしょう。

　さらに，何か事故があってはいけないと，食事時などに高齢者をじーっと観察してしまっている方もいるのではないでしょうか？

　視線は相手に，私たちの強いパワーを感じさせてしまうものなのです。人は人から見られていると生活しづらくなります。なるべく見ない介護を心がけることも大切です。

　アイコンタクトは，適度に相手から視線をそらすことも必要です。

高齢者の内心は「そんなにじっと見られると言いたいことも言えなくなっちゃう」と思っているかも

こうなりました！

スタッフBさん

　心地よいコミュニケーションを意識して，近づきすぎないことや，見すぎないことを心がけました。

　これは高齢者だけでなく，ご家族とお話する時にも活用できますね。

スタッフCさん

　お元気な方が，口ごもるようなことはなくなりました。

　高齢者からのスキンシップもちょっと多くなったような気がします。

Aさん

　緊張することがなくなって，お話も盛り上がるようになりました。

付録

アセスメントについて考えてみましょう

利用者の主体性について

　利用者が自分らしく生活するためには、「利用者の主体性」に沿った介助の方法を考える必要があると、「利用者本位の援助のあり方」（12頁参照）の項目で書きました。

　生活の場面の中で、利用者の主体性とは、具体的にどんなことが考えられるでしょうか？

　下記のように食事、排泄、入浴、移動、着脱、生活の場所、コミュニケーション、ノンバーバルコミュニケーション、余暇、生きること、の10項目に着目して、利用者にどんなニーズがあるか、具体例を書き出してみましょう。

【利用者の主体性の一例】

食事	メニューが選べる、食事の時間が選べる、好きな人と一緒に食べられる、食事をする場所や席が選べる、季節感がある、ゆとりを持って食べられる、食べたい順序で食べられる、自分のペースで食べられる、適量が食べられる、好きなものを買いに行ける、自分で調理ができる、外食ができる
排泄	プライバシーが守られる、恥ずかしいと思わずに排泄できる、トイレに行きたい時に行ける、自分のペースで排泄できる、トイレは洋式か和式か、環境が整ったところで排泄できる
入浴	シャワーのみか湯舟につかるか選べる、好きな時間に入浴できる、一人か大勢で入るか選べる、心地よい温度や入浴時間、慣れた順番で洗える
移動	杖を使うか、車椅子を使うか、手すりに沿って歩きたいか
着脱	好きなデザインや素材の服や着物が選べる、着るもののサイズが合っている、心地よく着られている、寒い時に厚い服を1枚着るか薄い服を数枚着るか、アクセサリーやメイクをすることができる
生活の場所	個室か大部屋か、プライバシーは守られているか、施設内での部屋の場所、安全性、居心地のよさ、使い慣れた家財道具、住み慣れた環境で暮らせる
バーバルコミュニケーション	その人の言葉（方言や母国語）で話すことができる、会話ができるか、筆談や手話なのか、伝わりやすいジェスチャーがある、好きな人との会話を楽しめる、電話や手紙などができる
ノンバーバルコミュニケーション	言葉に出さなくても考えていることが伝わる、その時々の身体の状態を読み取ってもらえる
余暇	趣味活動ができる、好きなテレビやラジオを楽しめる、外出などができる
生きること	自分の今後を考えることができる

　これはあくまでも一つの例なので、何が主体性なのかは人それぞれです。

　そこで「アセスメントシート」を使い、実際に利用者の主体性を考えてみましょう。

付録　アセスメントについて考えてみましょう

【利用者主体の援助アセスメントシート】

　利用者一人ひとりにとって，今までの習慣やニーズ，現在の状況，配慮できそうな点について，記入できるよう表にしたものが「アセスメントシート」（4頁参照）です。

　利用者のニーズと現在の状況を見比べることで，利用者主体の援助をするには「どのような配慮が必要か」，「どのような環境設定を行っていくか」という，援助の視点や工夫，援助する際の配慮を導き出せる可能性があります。

　さらに，このシートでは10項目ですが，利用者のニーズに応じ，その他の生活場面についても同じように考えてみることで，生活援助の幅を広げることができるでしょう。

不自由さを読み取るためのアセスメントについて

　「利用者の不自由さとはなんでしょう」（22～25頁参照）の項目で，不自由さを読み取るために10項目のアセスメントをしました。

　ここで，なぜこの10項目なのかを，考えてみたいと思います。

　③から⑦は，生活をさらに心地よくするための配慮に関する質問です。

　③の質問ですが，人は暑いと感じる時には汗をかき，寒い時には鳥肌が立ちます。

　しかし，汗や鳥肌が出る状態というのは，すでに心地よさを通り越し，とても強く暑さや寒さを感じている時なのです。

【アセスメント10項目】
① 男性？　女性？
② 何歳？
③ 今暑い？　寒い？　ちょうどいい？
④ 今，下着も含めて衣類を何枚着ている？
⑤ パンが好き？　ご飯が好き？
⑥ 入浴の時，身体はどこから洗う？
⑦ 身体は左右どちらがひねりやすい？
⑧ 1ヵ月に使えるお小遣いはいくら？
⑨ 好きな有名人，芸能人は誰？
⑩ 今，愛している人はいる？

　スタッフは，そうなる前に，例えばうぶ毛がふわっと立った時点で寒さに気づいて室温に配慮するなど，利用者の小さな変化に気づくことが大切なのです。

　また⑦の質問ですが，効き手，効き足と同じように，身体にも動かしやすい方向「効き体」があります。利用者の「効き体」がわかれば，声をかける時にも振り返りやすい方向から声かけすることができます。

　そういう小さな配慮が，利用者の心地よさにつながるのです。

　⑧はお金に関する質問ですが，高齢者は収入が限られていたり，中には生活保護を受けている人もいるため，シビアにならなければいけない問題です。

　例えばスタッフが軽い気持ちで「今度のお花見は参加費を500円もらいます」と言ったらどうでしょう？　せっかくのお花見を楽しみにしていても，500円が出せないために，参加できなくなる場合もあるのです。

　⑨で好きな有名人，芸能人を聞いたのは，固定観念を持っていないか確認するためです。高齢者の中には演歌が好きな人もいますが，ジャズやクラシック，ロックなどが好きな方や，もっとずっと若い歌手が好きな方もいるのです。高齢だから演歌が好きだろう，若いからアイドルが好きだろう，と推測していませんか？

　最後に，⑩は重要なる他者（9頁参照）のことです。利用者本位のケアをするためには，とても大切な情報です。

監　　修	高齢者アクティビティ開発センター

　1990年から高齢者のアクティビティ活動や福祉文化の研究及び実践を行う芸術教育研究所は2005年に「高齢者アクティビティ開発センター」を設立。「芸術」と「遊び」を高齢者ケアに導入することに力点を置き，この新しいケアモデルの推進役として，日本で初の「アクティビティ インストラクター」（初級），「アクティビティ ディレクター」（中級），2010年春からは「アクティビティ プロデューサー」（上級）資格認定講座を開講。専門家の養成とともに，様々なアクティビティプログラムの開発に努める。

編著者	綿　祐二

　愛知県出身。東京都立大学助手後，長崎国際大学助教授を経て，現在，文京学院大学人間学部人間福祉学科教授。文京学院大学地域連携センター長。社会福祉法人睦月会理事長（障害者援護施設（入所更生）「わかばの家」／大田区立大田生活実習所），NPO法人福祉なんでも相談室「Cotton Rings（コットンリングス）」理事長，NPO法人Cotton Dream（障害者就労支援）理事長。

執筆者	川口真実（大田区立大田生活実習所）
	松田実樹（東京都立東大和療育センター）

本文イラスト	山口裕美子

企　　画	多田千尋（高齢者アクティビティ開発センター代表）

編　　集	磯　忍，菊池貴美江（高齢者アクティビティ開発センター）

お問い合わせは……
　高齢者アクティビティ開発センター
　〒165-0026　東京都中野区新井2-12-10　芸術教育研究所内
　TEL 03-3387-5461　FAX 03-3228-0699
　URL http://www.aptycare.com　E-mail aptc@aptycare.com

高齢者の寄りそい介護　考え方・進め方

2009年6月25日　初版発行

監　修	高齢者アクティビティ開発センター
編著者	綿　　　祐　二
発行者	武　馬　久仁裕
印　刷	株式会社　太洋社
製　本	株式会社　太洋社

発行所　　株式会社　黎　明　書　房

〒460-0002　名古屋市中区丸の内3-6-27 EBSビル　☎052-962-3045
　　　　　FAX 052-951-9065　振替・00880-1-59001
〒101-0051　東京連絡所・千代田区神田神保町1-32-2
　　　　　南部ビル302号　☎03-3268-3470

落丁本・乱丁本はお取替します　　ISBN978-4-654-05663-7
©ART EDUCATION INSTITUTE 2009, Printed in Japan